Ley de atracción y ejercicios para manifestar

Eleva tu vibración y transforma tu vida con poderosos secretos energéticos

Por Elena G. Rivers

Copyright Elena G. Rivers ©2022

Copyright © 2022 Elena G.Rivers - Todos los derechos reservados

ISBN: 978-1-80095-097-9

El contenido en este libro no puede reproducirse, duplicarse o transmitirse sin el permiso directo por escrito del autor o del editor.

Bajo ninguna circunstancia se tendrá la culpa o responsabilidad legal contra el editor o el autor, por daños, reparaciones o pérdidas monetarias debido a la información contenida en este libro, ya sea directa o indirectamente.

Aviso Legal:

Este libro está protegido por derechos de autor. Es solo para uso personal. No se puede modificar, distribuir, vender, usar, citar o parafrasear ninguna parte o el contenido de este libro sin el consentimiento del autor o editor.

Aviso de Exención de Responsabilidad:

Tenga en cuenta que la información contenida en este documento es solo para fines educativos y de entretenimiento. Todo el esfuerzo se ha ejecutado para presentar información precisa, actualizada, confiable y completa. No se declaran ni implican garantías de ningún tipo. Los lectores reconocen que el autor no participa en la prestación de asesoramiento legal, financiero, médico o profesional.

Al leer este libro, el lector acepta que en ningún caso el autor es responsable de las pérdidas, directas o indirectas, que se incurran como resultado del uso de la información contenida en este documento, incluidos, entre otros, errores, omisiones o inexactitudes.

Contenidos

Introducción 8
Capítulo 1: La Verdad sobre la manifestación 11
Capítulo 2: Enseñanzas para el nivel inicial 15
Perdonar 20
Escribir en un diario 22
Ejercicio 24
Balance de las creencias: Perdón 24
Agradecimiento 28
Ejercicios 32
Diario de agradecimiento 32
Agradecimiento en tiempo real 32
Balance de las creencias: Agradecimiento 33
Meditación para el agradecimiento 36
Humildad 39
Ejercicios 40
Balance de las creencias: Humildad 40
Gratitud 44
Ejercicios 46
Diario de Gratitud 46
Agradecimiento en tiempo real 46
Balance de las creencias: Gratitud 47

Servir al prójimo 50
Ejercicios 52
Llevar un diario 52
Intención 54
Ejercicio 55
Intenciones creativas 55
Meditación 56
La unicidad de la existencia 58
Meditación 63
Capítulo 3: Enseñanzas para nivel superior 65
Resistencia 65
Sistemas de creencias 72
Balance de las creencias: Liberación de las intenciones 76
Emociones 80
Ejercicios 83
Aprovechar el poder emocional 83
Sumergirse profundamente en una emoción 86
Ejercicio 90
Auto investigación 92
Capítulo 4: Cómo darle sentido a todo 95
Preparándote para manifestar 98
Ejercicio 102

Meditación para liberar tu Intención................... 102

Capítulo 5: Desafío de 30 días 110

Conclusión..113

Tú creas tu propio universo a medida que avanzas.

- Winston Churchill

Introducción

La ley de atracción ha recibido mucha publicidad y se ha convertido en el tema de libros, CDs y seminarios. *El Secreto*, uno de los libros más vendidos de 2006, puso a la ley de atracción en primer plano frente a millones de personas. Muchos han tratado de poner en práctica la ley de atracción solo para terminar obteniendo resultados mixtos o desilusión, y la razón por la que esto ocurre es que la mayoría de las discusiones sobre la ley de atracción la abordan desde una perspectiva que es limitada por nuestro sistema de creencias.

Cuando pienso en mi infancia, recuerdo un viejo póster que tenía en la pared de mi habitación y que mostraba a una gaviota volando con gracia ante un vasto cielo azul con las palabras: "Pueden porque creen que pueden." Para cada persona que no ha podido manifestar lo que deseaba como esperaba, estas palabras hacen eco de este motivo.

Mientras tratemos de manifestar nuestros deseos u objetivos desde la mentalidad de la persona promedio, no podremos experimentar nuestro potencial para manifestar, y el motivo es que la manifestación consciente requiere cambiar de la mentalidad común a una que sea propicia para la manifestación. Sin embargo, el problema no es que la manifestación sea difícil, el problema es que la mayoría de nosotros carecemos de control de nuestras habilidades de manifestación. Si no aprendemos a hacernos cargo del proceso de manifestación, seremos como una persona que nunca ha aprendido a conducir y se pone al volante de un automóvil.

Necesito aclarar una declaración que acabo de hacer; aprender a manifestar de manera consciente no se trata tanto de "hacerse cargo" como de aprender a permitir y aceptar nuestra experiencia actual de vida. Quizás una forma más precisa de describir la manifestación es compararla con tratar de recordar el nombre de alguien; tratamos de recordar el nombre de la persona sin éxito, pero cuando dejamos de tratar de recordar el nombre, el nombre viene a nosotros. La manifestación funciona de la misma manera. El universo, o la conciencia, no hace un esfuerzo por manifestar, sino que esto ocurre sin esfuerzo.

En cada momento de nuestras vidas aparecen nuevas manifestaciones ante nosotros, manifestaciones que hemos atraído; solo tenemos que contemplar nuestros cuerpos para reconocer esto. En todo momento, las células nuevas reemplazan a las células viejas y se producen procesos fisiológicos complejos, y cada una de estas nuevas células o procesos fisiológicos es el resultado de un nuevo potencial que se manifiesta.

Para convertirnos en manifestadores conscientes, debemos hacer lo mismo que haríamos cada vez que quisiéramos aprender una nueva habilidad, que es buscar a alguien que ya lo esté haciendo y tomarlo como modelo; al aprender a tomar como modelo las cualidades del universo, podemos convertirnos en manifestadores conscientes. Este libro explora las características de la conciencia (yo uso la palabra *universo* y *conciencia* de forma intercambiable a lo largo de este libro) y cómo adoptar estas características en nuestras vidas.

Adoptar las características para manifestar lo que deseas es la razón secundaria detrás de por qué se escribió este libro y mi mayor esperanza es que al adquirir estas cualidades, descubras quién eres de verdad, lo que es más profundo que cualquier cosa que puedas manifestar.

Este libro está diseñado para ser una guía práctica paso a paso y te esperan ejercicios para cada paso, ya que mi intención consiste en ayudarte a realizar una transformación a un nivel más profundo y disfrutar del proceso.

Atraigo a mi vida todo aquello a lo que le entrego mi atención, energía y enfoque, ya sea positivo o negativo.

- Michael Losier

Capítulo 1: La Verdad sobre la manifestación

La verdad sobre la manifestación es que lo hemos estado haciendo en cada momento de nuestras vidas, solo que no estamos conscientes de ello, y es la falta de esta conciencia la que nos lleva a creer que la manifestación no funciona para nosotros, o que funciona con resultados limitados.

Cada vez que soñamos por la noche nos experimentamos a nosotros mismos o mismas como una proyección de nuestro yo dormido; el yo proyectado, el yo onírico experimenta y se involucra con su mundo onírico. Al igual que en nuestra vida de vigilia, en la que creemos que somos entidades aparte que habitan el "mundo real", nuestro yo onírico cree que está aparte en su mundo de los sueños y es solo cuando nos despertamos que nos damos cuenta de que lo que experimentamos durante la noche fue solo un sueño, pero lo que a menudo no nos damos el tiempo de contemplar es que nuestro yo dormido se manifestó tanto en nuestro yo dormido como en su mundo onírico. A diferencia de nuestra experiencia de vigilia, nuestro yo dormido manifestó nuestra experiencia onírica sin ningún esfuerzo, y tanto nuestra experiencia onírica como nuestra experiencia del "mundo real" son proyecciones de la conciencia.

Podemos pensar que el proceso de manifestación es como una película antigua o un proyector de diapositivas. A diferencia de los proyectores modernos que son digitales, los proyectores de películas más antiguos funcionaban proyectando un haz de luz a través de una tira de película o diapositiva, como en el proyector de diapositivas. Luego la imagen de la tira de película o diapositiva se proyecta en la pantalla, y de manera similar, nosotros proyectamos conciencia, o conocimiento, o pensamientos.

El pensamiento es como un fotograma individual de una tira de película o una diapositiva y este es proyectado por la luz de la conciencia en la pantalla de nuestras mentes, dando lugar a lo que llamamos "experiencia"; en este caso, la pantalla también es la conciencia, de hecho, el pensamiento, la proyección del pensamiento, la experiencia resultante y la pantalla en sí son aspectos de la conciencia.

Volviendo a la metáfora del proyector de cine, la imagen que aparece en la pantalla y la pantalla no son cosas aparte, al igual que la imagen y la luz, que tampoco son cosas aparte. El reto que tenemos en manifestar es que creemos que estamos aparte de lo que queremos manifestar; así como el haz de luz no es algo aparte de la imagen, nosotros no somos algo aparte de aquello que queremos manifestar y es esta sensación de ser cosas aparte lo que crea nuestra sensación de dificultad para manifestarnos.

Si puedes contemplar el paralelismo entre el proceso de manifestación y el mundo de los sueños, aquí te dejo una metáfora sobre tu verdadero yo, y esa metáfora es el sueño profundo. El sueño profundo es como un proyector de diapositivas sin diapositivas; el haz de luz viaja al espacio vacío sin ninguna diapositiva que proyectar. El sueño profundo es como el proyector de películas sin una tira de película y lo único que se proyecta es la luz en sí.

Durante el sueño profundo, no tienes sensación de ser algo aparte, ya que no hay nada que experimentar, y pierdes todo el sentido de ti mismo o misma; es por esta razón que el sueño profundo es una metáfora de la conciencia pura, ya que toda manifestación surge de la conciencia y sin conciencia, ninguna manifestación podría existir. Tú eres la proyección de la conciencia pura, tu experiencia de ti mismo o misma, y tu mundo, son las imágenes proyectadas de tu mente.

Mientras más podamos adoptar las características de la conciencia pura, más podremos manifestar nuestros deseos con éxito.

Debido a que todos se encuentran en un nivel diferente de autoconciencia, el siguiente capítulo se centrará en las técnicas con las que la mayoría de las personas pueden identificarse. En el capítulo 3, hablaremos sobre técnicas avanzadas para desafiar tus creencias y percepciones de ser un yo aparte y te brindaremos la oportunidad de explorar niveles más profundos de conciencia. En definitiva, es la comprensión de quién eres en el nivel más fundamental lo que te permitirá llevar tu capacidad de manifestación a un nivel nuevo por completo.

El universo entero es un gran teatro de espejos.

- Alice Bailey

Capítulo 2: Enseñanzas para el nivel inicial

Cuanto más bajo sea el nivel de nuestra resistencia, mayor será la frecuencia de nuestra condición de vida para manifestar lo que queremos; esta comprensión se remonta al origen de la religión, ya que hay principios fundamentales que han sido expuestos por la mayoría, si no todas, las tradiciones religiosas que pueden guiarnos para reducir nuestra resistencia. Estos principios fueron propuestos por los maestros originales de las religiones que conocemos hoy en día, como Jesús y Buda, y la razón por la que estos maestros expusieron estos principios es porque entendieron que todos nuestros sufrimientos podrían aliviarse al reducir nuestra resistencia y elevar la frecuencia de nuestra condición de vida.

Los principios de los que hablo no son un misterio, puesto que a la mayoría de nosotros nos ha enseñado su importancia desde que éramos niños e incluyen el perdón, el agradecimiento, la humildad, la gratitud, la intención y servir al prójimo.

Además de estos principios, he añadido la unidad o unicidad de la vida; aunque este principio puede ser menos conocido, está implícito en todos los demás principios. Lo siguiente es lo que la Biblia dice de estos principios:

·**Perdonar:** *Pero yo os digo: amad a vuestros enemigos y orad por los que os persiguen.* Mateo 5:43

· **Agradecimiento o Gratitud:** *Cantad alegres a Dios, habitantes de toda la tierra.* Salmo 100

·**Humildad:** *Sed humildes y amables por completo; sed pacientes, soportándoos los unos a los otros en amor.* Efesios 4:2

· **Intención***: Apártate del mal y haz el bien; busca la paz y síguela.* Salmo 34:14

·**Servir al prójimo:** *Si dieres tu pan al hambriento, y saciares al alma afligida, en las tinieblas nacerá tu luz, y tu oscuridad será como el mediodía.* Isaías 58:10

·**Unicidad:** *En aquel día vosotros conoceréis que yo estoy en mi Padre, y vosotros en mí, y yo en vosotros.* Juan 14:20

El hecho de que estos principios sean universales apunta a la comprensión mutua de los fundadores de las religiones del mundo y estos fundadores entendieron el proceso de manifestación, sin embargo, su verdadera intención a menudo se malinterpretaba cuando sus enseñanzas se ponían por escrito; lo que pretendía ser una parábola se tomó de forma literal.

La sabiduría que se le atribuyó a Jesús o al Buda existe en la profundidad de la vida de cada uno de nosotros y aprender a manifestar se trata de ponerse en contacto con la parte de nosotros mismos que es universal, ya que manifestar es el resultado natural de un universo vibratorio donde toda la existencia tiene una cualidad vibratoria. Imagina las cuerdas de una guitarra, un violín o cualquier otro instrumento de cuerda; cada cuerda vibra a una frecuencia específica, por lo que cada cuerda crea un sonido único y cuanto más tensa está la cuerda, mayor es la frecuencia del sonido que crea, por el contrario, cuanto más suelta está la cuerda, menor es la frecuencia de su sonido. Al igual que con la cuerda de la guitarra, todo en este universo tiene su propia frecuencia, que es el resultado de la energía de su vibración.

Otro ejemplo de la naturaleza vibratoria del universo es la de las ondas electromagnéticas, ondas que afectan todos los aspectos de nuestras vidas. Las ondas electromagnéticas forman un espectro de varios niveles de energía, y cada nivel de energía tiene su propia calidad, por ende, cuando las ondas electromagnéticas vibran a una frecuencia muy alta, crean rayos gamma, rayos X y luz ultravioleta; en el centro del espectro, encontramos la luz visible, y en el extremo inferior del espectro, encontramos microondas y ondas de radio. Los rayos gamma se pueden usar para tratar el cáncer, las radiografías permiten a los médicos identificar fracturas óseas, la luz ultravioleta, aunque invisible, es la luz que proviene del sol y la usamos para desinfectar, estimular la producción de vitamina D y broncearnos, las microondas hacen posible cocinar alimentos usando un horno de microondas, mientras que las ondas de radio nos permiten escuchar la radio.

La única diferencia entre todas estas ondas electromagnéticas es su frecuencia; así como no podemos broncearnos al exponernos a los rayos gamma, o escuchar la radio con luz visible, no podemos atraer lo que queremos si nuestras vidas no están en el nivel vibratorio correcto. Es la naturaleza vibratoria del universo la que hace que la ley de atracción funcione, ya que atraemos a nuestras vidas lo que es una coincidencia vibratoria con nuestras propias vidas. Lo que determina nuestro nivel vibratorio es nuestro nivel de resistencia hacia la vida y hacia nosotros mismos o mismas, y nuestra resistencia es creada por nuestras mentes, es decir, el ego.

Al comienzo de este capítulo, hablamos sobre los principios del perdón, el agradecimiento, la humildad, la gratitud, la intención, el servicio al prójimo, y la unicidad de la existencia; estos principios trabajan para reducir nuestra resistencia mientras elevamos nuestro nivel vibratorio.

Hablaremos sobre la importancia de cada uno de estos principios en el proceso de manifestación, que será seguido por formas prácticas de aplicarlos en tu vida diaria, pero antes de pasar a discutir estos principios, es necesario que retomemos mi afirmación anterior sobre que siempre estamos manifestando, ya que al comprender esta afirmación, comprenderás lo que significa ser un "manifestador consciente".

Con cada intención que tenemos, manifestamos algo en nuestra vida, y debido a que la mayoría de nosotros no somos conscientes de esto, podemos creer que tenemos dificultades para manifestar. En realidad, no podemos evitar manifestar nuestros deseos; ¡estamos manifestando sin estar conscientes de ello! En lugar de cuestionar nuestra capacidad para manifestar, una mejor pregunta sería cómo podemos tener un mayor control del proceso para manifestar y atraer lo que deseamos, en lugar de lo que no fue intencional. El siguiente análisis de los principios explicará la forma en que estos nos son de utilidad para tomar el control de nuestras manifestaciones.

Es la combinación de pensamiento y amor lo que forma la fuerza irresistible de la ley de atracción.

- Charles Hammel

Perdonar

Uno de los aspectos clave del uso de la ley de atracción es aprender a reducir nuestra resistencia, esto se refiere a cuando no aceptamos un pensamiento, un sentimiento, una emoción, a otras personas, una situación o evento, por lo tanto, cada vez que nos resistimos a algo en la vida, le estamos prestando atención; por ejemplo, cuando no perdonamos a los demás por sus acciones, prestamos atención a esos pensamientos, emociones y sentimientos que tenemos por la situación, y las emociones relacionadas con la ira o el resentimiento a las que nos aferramos reciben alimento de forma continua por parte de la atención que les brindamos y con el tiempo, estas emociones se manifestarán como trastornos dentro del cuerpo, trastornos de la mente, y se convertirán en la fuerza primordial que cancela nuestros intentos conscientes de manifestar lo que deseamos.

Nuestras intenciones de atraer lo que deseamos se basan en nuestro nivel consciente de pensamiento, sin embargo, la profundidad de esas emociones a las que nos aferramos, debido a que no perdonamos, puede volverse subconsciente y, en este nivel, nuestra incapacidad para perdonar se volverá contra nosotros. Si nos aferramos a las emociones de ira o resentimiento, se infiltrarán en nuestro sentido del yo y, en esta etapa, las manifestaciones de trastornos físicos y mentales comienzan a echar raíces.

Ahora bien, esto no significa que debas perdonar cuando no estás listo o lista para hacerlo, ya que eso también puede ser una fuente de problemas, por el hecho de que si nos sentimos presionados a perdonar cuando no tenemos ganas, entonces también estamos creando resistencia y no solo estamos creando resistencia, estamos deshonrando nuestros propios sentimientos, lo que también obstaculizará nuestra capacidad de manifestar de manera consciente y hará que perdamos la alineación de nuestro interior.

Bajamos nuestra resistencia cuando aprendemos a perdonar, como dice el proverbio: El perdón es más por el bien del que perdona que por el perdonado. En resumen, no perdonar a los demás, e intentar perdonar cuando no estamos listos, creará problemas importantes que se manifiestan, en especial las manifestaciones de felicidad, confianza en uno mismo y bienestar.

Entonces, ¿cómo caminamos por esta cuerda floja del perdón? Nos honramos a nosotros mismos y mismas aprendiendo a escuchar nuestros sentimientos, por lo tanto, si no estás listo o lista para perdonar, no intentes cambiar la forma en que te sientes, sin embargo, cuando te sientas listo o lista para seguir adelante, aquí te dejo algunas sugerencias sobre cómo liberar tu resistencia:

Ejercicios

Escribir en un diario

1. Comienza a llevar un diario y escribe en él todos los días; puedes usar este diario para todos los ejercicios que vamos a realizar. Comenzando con el principio del perdón, escribe en un diario las cosas que te han enfadado o lastimado, y cuando escribas, escribe desde el corazón y deja que las palabras fluyan; no intelectualices este ejercicio. Cuando pienses en estas situaciones difíciles, no pienses en el perdón todavía, ya que en este paso solo estás expresando tus sentimientos en papel.

2. Una vez que hayas escrito todos tus sentimientos acerca de la situación, escribe cómo te hubiera gustado que fuera la situación. Por ejemplo, si acabas de escribir sobre una situación en la que alguien dijo o hizo algo que te lastimó, quiero que escribas cómo hubieras deseado que fuera la situación.

3. Después de hacerlo, quiero que pienses en lo que pudo haber causado que la otra persona actuara de la manera en que lo hizo contigo. Recuerda que la única razón por la que alguien lastimaría a otra persona es porque tiene miedo y está experimentando dolor.

4. Utilizando tu comprensión, escribe algunas razones por las que esta persona puede sentir miedo o dolor.

5. A continuación, reflexiona sobre la posibilidad de que la otra persona no tuviera la intención de lastimarte. ¿Es posible que tu sentimiento de dolor sea un malentendido de tu parte? Escribe todas las razones por las que esto puede ser o no una posibilidad.

6. Tu último paso es escribir lo que has aprendido de esta experiencia y cómo te has beneficiado de ella.

7. Revisa tu diario al día siguiente y luego cinco días después; después de revisar tus escritos, ¿experimentaste nuevas ideas? Si no lo hiciste, está bien, y si obtuviste nuevas ideas, escríbelas también en tu diario.

Hacer este ejercicio de diario te ayudará a procesar tus experiencias en lugar de mantenerlas dentro de ti o actuar de manera reactiva. El siguiente ejercicio se puede usar para cambiar tus creencias sobre el perdón.

Ejercicio

Balance de las creencias: Perdón

Haz lo siguiente:

1. Consigue tres hojas de papel con una medida de 8" x 11" o más (20 cm x 28 cm)

2. En la primera hoja, anota las creencias que te impiden perdonar. Los siguientes son ejemplos:

- Si lo perdono, sentirá que está libre de culpa.
- Si la perdono, puede que lo vuelva a hacer.
- Si lo perdono, significa que nunca fue tan importante.
- Perdonar es ser débil.
- Si perdono, me expondré a que me sigan dañando.

3. Selecciona la creencia que crees que es la razón más importante por la que no puedes perdonar.

4. Toma la segunda hoja de papel, dóblala por la mitad a lo largo.

5. Anota en la parte superior del papel la creencia que seleccionaste.

6. Haz una lista en el lado izquierdo del papel de todas las formas en que has tenido que "pagar" en tu vida por esta creencia. ¿Cuánto has tenido que pagar por esta creencia con respecto a cómo te sientes contigo mismo? ¿Cómo ha afectado a tus relaciones, salud o finanzas?

7. Al escribir, ten en cuenta lo siguiente:

    · Al escribir esta lista, anota lo primero que se te ocurra, incluso si parece irrelevante.

    · Escribe lo más rápido que puedas y siente las emociones que surjan; este es un ejercicio sincero, no cerebral.

    · Sigue escribiendo hasta que te quedes sin cosas que escribir.

8. Junto a cada elemento que escribas, asigna un valor de puntos arbitrario a la cantidad de impacto que el elemento ha tenido en ti y al seleccionar el valor de puntos, elige el primer número que se te ocurra.

9. Cuando hayas completado la asignación de los valores de puntos, busca el total de todos los valores de puntos y colócalo en la parte inferior de la página.

10. Para el lado derecho de la hoja, repite los pasos 6-8, excepto que esta vez, anota todas las formas en que esta creencia te ha beneficiado.

Cuando hayas completado el paso 10, piensa en una nueva creencia alternativa que te empodere. Por ejemplo, si la creencia original era: "Si lo perdono, sentirá que está libre de culpa", tu nueva creencia puede ser: "Perdonarlo puede llevarlo a sentir que está libre de culpa, pero yo estaré libre de este peso que estoy cargando".

En la tercera hoja, repite los pasos 4-9 usando tu nueva creencia, con las siguientes excepciones: Invierte los pasos 6 y 9 escribiendo todas las formas en que crees que te beneficiarías de esta nueva creencia para el paso 6; al hacer el paso 9, anota todas las formas en que crees que tendrás que "pagar" esto.

Cuando hayas completado las dos hojas, haz lo siguiente:

> 1. Revisa de inmediato tus listas, permitiéndote experimentar de manera plena cualquier emoción que surja.
>
> 2. Verifica tus listas todos los días, una vez por la mañana y una vez antes de acostarse, hasta que te asocies por completo con las emociones que experimentas.

Al establecer totalmente esta asociación de cuánto tendrás que "pagar" al mantener tu antigua creencia con los beneficios de la adopción de tu nueva creencia, tu mente se programará con tu nueva creencia.

Tan pronto como empieces a sentir de manera diferente lo que ya tienes, comenzarás a atraer más de las cosas buenas, más de las cosas por las que puedes estar agradecido.

- Joe Vitale.

Agradecimiento

Para entender el poder del agradecimiento al manifestar, primero necesitamos discutir los niveles de energía y la identificación; todo en este universo está compuesto de energía.

A nivel atómico, solo hay potencial energético; nuestras emociones son una expresión de energía, y cada emoción tiene su propia frecuencia, por lo tanto, las emociones como el miedo o la ira tienen frecuencias más bajas, mientras que el amor y el aprecio son de un nivel de frecuencia más alto.

Nuestra naturaleza esencial es la de la energía también, y al igual que con las emociones, también experimentamos diferentes frecuencias; la frecuencia de nuestra fuerza vital depende del grado en que nos identifiquemos con nuestras mentes y cuerpos.

En los períodos de sueño profundo, perdemos todo sentido de identificación con nuestras mentes y cuerpos, y durante estos momentos, regresamos a nuestra naturaleza esencial, que es pura conciencia o energía; durante el sueño profundo, nuestra naturaleza vibratoria está en su punto más alto, pero cuando nos identificamos con nuestras mentes y cuerpos, nuestro nivel vibratorio se reduce y esta vibración más baja nos lleva a experimentar una sensación de separación; nos vemos a nosotros mismos como nuestras mentes y cuerpos, y todo lo demás como algo aparte de nosotros mismos.

Cultiva grandes pensamientos, porque nunca llegarás más alto de lo que piensas.

- Benjamin Disraeli

Cuando experimentamos las emociones de ira o miedo, se debe a la sensación de que nuestro sentido de sí mismo o misma está siendo amenazado y pensamos cosas como "Me enojaré si tomas mi dinero porque era "mi dinero". Si pierdo mi trabajo, tendré miedo de experimentar consecuencias desagradables en mi estilo de vida. Tanto con la ira como con el miedo, me siento amenazado por eventos o situaciones externas, que creo que me llevarán a perder algo".

No es solo la ira o el miedo lo que aparece como resultado de nuestro sentido de identificación con la mente y el cuerpo, incluso las emociones de paz o felicidad dependen de que mi mundo externo cumpla con mis expectativas; si mi vida es buena para mí, sentiré paz o felicidad, y mi paz y felicidad solo durarán mientras las cosas salgan como yo quiero, pero en cuanto la vida dé un giro, experimentaré ira, miedo o cualquiera de las otras emociones de menor vibración.

La emoción del agradecimiento es diferente de las otras emociones en que podemos experimentar el agradecimiento sin tener ninguna expectativa de recibir algo a cambio, y es por esta razón que esta emoción es considerada segunda después del amor en su nivel vibratorio, ya que nos permite perder nuestra identificación, aunque nada más sea de manera momentánea, con nuestra mente y cuerpo, y enfocarnos en algo fuera de nosotros mismos o mismas.

Dado que manifestamos lo que está en la misma vibración que nuestras vidas, vivir en agradecimiento nos permite manifestar aquellas experiencias que reflejan el mismo nivel de energía elevado. El agradecimiento reduce la resistencia porque estamos experimentando una conexión con algo fuera de nosotros mismos sin esperar nada a cambio. Los siguientes ejercicios te ayudarán a cultivar tu sentido de agradecimiento.

Ejercicios

Diario de agradecimiento

Escribe todos los días en tu diario todas las cosas por las que estás, o podrías estar, agradecido o agradecida y escribe por qué lo agradeces en cada punto.

Agradecimiento en tiempo real

A lo largo del día, todos los días, tómate el tiempo para estar al tanto de todo lo que agradeces o podrías agradecer, mientras más lo hagas de una manera sincera, más desarrollarás tu "músculo" del agradecimiento.

Cuando se trata de este o cualquiera de los otros ejercicios, no te obsesiones con buscar razones importantes por las que debes sentirte de cierta manera, para esto toma el agradecimiento como ejemplo. Podrías estar agradecido o agradecida por la forma en que la luz del sol brilla en el agua de un estanque; ese tipo de agradecimiento es tan poderoso como el agradecimiento por la respuesta de tus sueños.

El sentido de aprecio es lo que cuenta, porque es tu conexión con tu ser superior y lo que agradeces no es más que un estímulo que desencadena tu respuesta de agradecimiento. Si tienes problemas para experimentar el agradecimiento, el siguiente ejercicio puede ser útil.

Balance de las creencias: Agradecimiento

1. Consigue tres hojas de papel con una medida de 8" x 11" o más (20 x 28 cm)

2. En la primera hoja, anota las creencias que te impiden sentir agradecimiento.

3. Selecciona la creencia que crees que más te impide experimentar un sentido de agradecimiento.

4. Dobla la segunda hoja de papel por la mitad a lo largo.

5. Anota en la parte superior de la hoja la creencia que seleccionaste.

6. Haz una lista en el lado izquierdo del papel de todas las formas en que has tenido que "pagar" en tu vida por esta creencia. ¿Cuánto has tenido que pagar por esta creencia con respecto a cómo te sientes contigo mismo o misma? ¿Cómo ha afectado a tus relaciones, salud o finanzas? Al escribir, ten en cuenta lo siguiente:

- Al escribir esta lista, anota lo primero que se te ocurra, incluso si parece irrelevante.

- Escribe lo más rápido que puedas y siente las emociones que surjan; este es un ejercicio sincero, no cerebral.

- Sigue escribiendo hasta que te quedes sin cosas que escribir.

7. Junto a cada elemento que escribas, asigna un valor de puntos arbitrario a la cantidad de impacto que el elemento ha tenido en ti y al seleccionar el valor de puntos, elige el primer número que se te ocurra.

8. Cuando hayas completado la asignación de los valores de puntos, busca el total de todos los valores de puntos y colócalo en la parte inferior de la página.

9. Para el lado derecho de la hoja, repite los pasos 6-8, excepto que esta vez anota todas las formas en que esta creencia te ha beneficiado.

Cuando hayas completado el paso 9, piensa en una nueva creencia alternativa que te empodere.

En la tercera hoja, repite los pasos 4-9 usando tu nueva creencia, con las siguientes excepciones: Invierte los pasos 6 y 9 escribiendo todas las maneras en que crees que te beneficiarías de esta nueva creencia para el paso 6; al hacer el paso 9, anota todas las maneras en que crees que tendrás que "pagar" esto.

Cuando hayas completado las dos hojas, haz lo siguiente:

1. Revisa de inmediato tus listas, permitiéndote experimentar de forma plena cualquier emoción que surja.

2. Verifica tus listas todos los días, una vez por la mañana y una vez antes de acostarse, hasta que te asocies por completo con las emociones que experimentas.

Al establecer totalmente esta asociación de cuánto tendrás que "pagar" al mantener tu antigua creencia con los beneficios de la adopción de tu nueva creencia, tu mente se programará con tu nueva creencia.

Otro método para experimentar un mayor agradecimiento es ir hacia tu interior a través del uso de la meditación:

Meditación para el agradecimiento

1. Busca un lugar donde no haya mucha distracción y te sientas cómodo o cómoda. Siéntate en una silla o en una almohada, lo que te resulte más cómodo.

2. Cierra los ojos y enfócate en tu respiración mientras respiras normalmente.

3. Centra tu atención en las sensaciones que experimentas cuando tu respiración entra en tu cuerpo durante la inhalación y sale de él durante la exhalación.

4. Permítete experimentar todo lo que surja en tu conciencia sin emitir ningún juicio ni poner

resistencia. Saluda a cada experiencia con total aceptación.

5. Cada vez que te distraigas, vuelve a centrar tu conciencia en tu respiración.

6. Todo lo que experimentas es una oportunidad para expresar agradecimiento:

- Puedes experimentar el agradecimiento hacia una persona, una mascota o la naturaleza.

- Puedes expresar agradecimiento por el hecho de que puedes experimentar pensamientos, sensaciones, sonidos e imágenes mentales.

- Puedes expresar agradecimiento por tu respiración, que fluye a través de ti sin ningún esfuerzo de tu parte, y es esencial para tu supervivencia.

7. Permítete ser testigo de cada experiencia que surja en tu conciencia sin juzgarla, identificarla o analizarla. ¿Encuentras que los pensamientos, sensaciones o sentimientos que experimentas son incómodos? Sin importar lo que aparezca ante ti, permite que se manifieste en tu conciencia sin ninguna interferencia de tu parte.

8. Si te encuentras reaccionando a alguna de tus experiencias, permítete ser testigo de tus reacciones sin hacer ningún juicio.

9. Cuando experimentes el agradecimiento, trata de intensificar ese sentimiento. Centra tu atención en el sentimiento de agradecimiento. ¿El sentimiento de agradecimiento tiene un color, una textura o un sonido? ¿Qué sucede cuando te enfocas en los sentimientos de agradecimiento? Puedes usar esta técnica para intensificar cualquier emoción o sentimiento que experimentes.

10. Permítete experimentar el sentimiento de aprecio de la manera más profunda posible.

11. Si tienes problemas con este ejercicio, sigue practicándolo hasta que experimentes el nivel de apreciación que deseas.

Da el primer paso de fe. No tienes que ver toda la escalera. Solo da el primer paso.

- Dr. Martin Luther King Jr.

Humildad

El valor de la humildad al manifestar es, al igual que con el agradecimiento, que estás creando distancia entre tú y tu ego; el agradecimiento hace que nos centremos más allá de nosotros mismos. Ser humilde resta importancia al sentimiento de arrogancia y de la misma manera, se está agradecido o agradecida por el valor que los demás ofrecen.

Ser humilde es una posición de fortaleza, ya que la persona humilde no tiene que defenderse ni probarse a sí misma, por el contrario, aquellos que están conectados con su ego ejercen una gran cantidad de energía defendiéndose o tratando de persuadir a otros para que vean su punto de vista; cada vez que intentamos persuadir a otros para que adopten nuestro punto de vista, o nos apegamos a una imagen de nosotros mismos, creamos resistencia, y lo hacemos porque no nos sentimos lo suficientemente seguros como para permitir que otros tengan un punto de vista distinto, lo hacemos cuando tenemos que aferrarnos a una imagen de nosotros mismos por miedo a ser insignificantes.

Desde una perspectiva intelectual o social, lo que queremos evitar a toda costa es parecer insignificantes; desde la perspectiva de los niveles superiores de la conciencia, ser insignificante es una victoria sobre el ego y con la humildad, la arrogancia disminuye. El ego es la fuente de la resistencia; ser humilde requiere crear distancia con el ego. Si sientes que tienes problemas para sentirte humilde, haz el siguiente ejercicio:

Ejercicios

Balance de las creencias: Humildad

Haz lo siguiente:

1. Consigue tres hojas de papel con una medida de 8" x 11" o más (20 x 28 cm).

2. En la primera hoja, anota las creencias que te impiden sentir humildad.

3. Selecciona la creencia que crees que es la razón más importante por la que no puedes sentir humildad.

4. Toma la segunda hoja de papel, dóblala por la mitad a lo largo.

5. Anota en la parte superior del papel la creencia que seleccionaste.

6. Haz una lista en el lado izquierdo del papel de todas las formas en que has tenido que "pagar" en tu vida por esta creencia. Al escribir, ten en cuenta lo siguiente:

· Al escribir esta lista, anota lo primero que se te ocurra, incluso si parece irrelevante.

· Escribe lo más rápido que puedas y siente las emociones que surjan; este es un ejercicio sincero, no cerebral.

· Sigue escribiendo hasta que no puedas pensar en qué escribir.

7. Junto a cada elemento que escribas, asigna un valor de puntos arbitrario a la cantidad de impacto que el elemento ha tenido en ti y al seleccionar el valor de puntos, elige el primer número que se te ocurra.

8. Cuando hayas completado la asignación de los valores de puntos, busca el total de todos los valores de puntos y colócalo en la parte inferior de la página.

9. Para el lado derecho de la hoja, repite los pasos 5 al 7, excepto que esta vez anota todas las formas en que esta creencia te ha beneficiado.

Cuando hayas completado el paso 9, piensa en una nueva creencia que te empodere y reemplace a tu antigua creencia. En la tercera hoja, repite los pasos 4 al 9 usando tu nueva creencia, con las siguientes excepciones: invierte los pasos 6 y 9 escribiendo todas las maneras en que crees que te beneficiarías de esta nueva creencia para el paso 6; al hacer el paso 9, anota todas las maneras en que crees que tendrás que "pagar" esto.

Cuando hayas completado las dos hojas, haz lo siguiente:

1. Revisa de inmediato tus listas, permitiéndote experimentar de forma plena cualquier emoción que surja.

2. Verifica tus listas todos los días, una vez por la mañana y una vez antes de acostarse, hasta que

te asocies por completo con las emociones que experimentas.

Al establecer totalmente esta asociación de cuánto tendrás que "pagar" al mantener tu antigua creencia con los beneficios de la adopción de tu nueva creencia, tu mente se programará con tu nueva creencia.

La gratitud es una actitud que nos conecta con nuestra fuente de suministro, y cuanto más agradecido estés, más cerca estarás de tu creador, del arquitecto del universo, del núcleo espiritual de tu ser; es una lección fenomenal.

- Bob Proctor

Gratitud

En un capítulo anterior, se indicó que la emoción del agradecimiento era superada solo por el amor en el nivel vibratorio y la gratitud se clasifica por debajo del agradecimiento solo porque normalmente estamos agradecidos porque hemos recibido algo, pero el estado de gratitud depende de nuestras condiciones externas; puedo sentirme agradecido porque tengo un trabajo, por mi salud o porque recibí un regalo, no obstante, si pierdo alguna de estas cosas, podría pasar fácilmente del agradecimiento al miedo o la ira. Por otro lado, perder estas cosas puede llevarme a experimentar un sentido de agradecimiento por lo que tuve alguna vez, o lo que pude haber aprendido como resultado de ello.

Mi sentido de agradecimiento no depende de mis condiciones externas, mientras que la gratitud sí, sin embargo, sentir gratitud sigue siendo importante para manifestar lo que deseas, ya que si nos falta gratitud, estamos experimentando resistencia y lo hacemos porque sentimos que nuestra situación actual no es lo suficientemente buena, por lo tanto, si siento que mi situación actual no es lo suficientemente buena, entonces me estoy resistiendo al momento presente y, finalmente, si me resisto al momento presente, estoy en resistencia a todo lo que existe, incluyéndome a mí mismo.

El poder del espíritu de gratitud es el que nos lleva a aceptar el momento presente en lugar de pensar en cómo queremos que sean las cosas y enfocarnos en lo que queremos sin la aceptación del momento presente nos llevará a manifestar más de lo que no queremos; la gratitud reduce la resistencia al hacer que nos concentremos en lo que tenemos y al expresar esta emoción, nos estamos enfocando en el momento presente en lugar de pensar en la falta o en prados más verdes en el futuro.

Ejercicios

Diario de Gratitud

Escribe todos los días en tu diario todas las cosas por las que sientes o podrías sentir gratitud y anota en cada punto la razón para sentirte así respecto a ellas.

Agradecimiento en tiempo real

Cada día, date el tiempo para tomar conciencia de cualquier cosa por la que sientes o podrías sentir gratitud y mientras más lo hagas de una manera sincera, más desarrollarás tu "músculo" de la gratitud. Cuando busques cosas por las cuales sentir gratitud, considera todo, no solo la respuesta típica que dan los demás, es decir, podrías sentir gratitud porque el sol brilla, por la bondad de los demás o de tu forma manifestada que te permite experimentar la vida.

Lo que cuenta es el desarrollo de un sentido de gratitud porque esta emoción, junto con las otras emociones de frecuencia superior, indican que hay una alineación entre nuestro ser manifestado y nuestra versión superior; tener ese sentimiento de gratitud no es más que un estímulo que desencadena tu respuesta de gratitud.

Balance de las creencias: Gratitud

Si sientes que tienes problemas para sentir gratitud, haz el siguiente ejercicio:

1. Consigue tres hojas de papel con una medida de 8" x 11" o más (20 x 28 cm)

2. En la primera hoja, anota las creencias que te impiden sentir gratitud.

3. Selecciona la creencia que crees que es la razón más importante por la que no puedes sentir gratitud.

4. Toma la segunda hoja de papel, dóblala por la mitad a lo largo.

5. Anota en la parte superior del papel la creencia que seleccionaste.

6. Haz una lista en el lado izquierdo del papel de todas las formas en que has tenido que "pagar" en tu vida por esta creencia. ¿Cuánto has tenido que pagar por esta creencia con respecto a cómo te sientes contigo mismo o misma? ¿Cómo ha afectado a tus relaciones, salud o finanzas? Al escribir, ten en cuenta lo siguiente:

   · Al escribir esta lista, anota lo primero que se te ocurra, incluso si parece irrelevante.

   · Escribe lo más rápido que puedas y siente las emociones que surjan; este es un ejercicio sincero, no cerebral.

   · Sigue escribiendo hasta que te quedes sin cosas que escribir.

7. Junto a cada elemento que escribas, asigna un valor de puntos arbitrario a la cantidad de impacto que el elemento ha tenido en ti y, al seleccionar el valor de puntos, elige el primer número que se te ocurra.

8. Cuando hayas completado la asignación de los valores de puntos, busca el total de todos los valores de puntos y colócalo en la parte inferior de la página.

9. Para el lado derecho de la hoja, repite los pasos 6-8, excepto que esta vez, anota todas las formas en que esta creencia te ha beneficiado.

10. Cuando hayas completado el paso 9, piensa en una nueva creencia alternativa que te empodere.

Cuando hayas completado el paso 9, piensa en una nueva creencia que te empodere y reemplace a tu antigua creencia. En la tercera hoja, repite los pasos 4-9 usando tu nueva creencia, con las siguientes excepciones: Invierte los pasos 6 y 9 escribiendo todas las maneras en que crees que te beneficiarías de esta nueva creencia para el paso 6; al hacer el paso 9, anota todas las maneras en que crees que tendrás que "pagar" esto.

Cuando hayas completado las dos hojas, haz lo siguiente:

1. Revisa de inmediato tus listas, permitiéndote experimentar de forma plena cualquier emoción que surja.

2. Verifica tus listas todos los días, una vez por la mañana y una vez antes de acostarse, hasta que te asocies por completo con las emociones que experimentas.

Al establecer totalmente esta asociación de cuánto tendrás que "pagar" al mantener tu antigua creencia con los beneficios de la adopción de tu nueva creencia, tu mente se programará con tu nueva creencia.

Servir al prójimo

Independientemente de la cultura o la enseñanza religiosa, el concepto de servicio es un elemento central. En grupos de rehabilitación, como Alcohólicos Anónimos, servir al prójimo es una parte integral del programa, y la razón por la que servir al prójimo está tan arraigado en nuestra sociedad es porque, como cualquier otro principio espiritual o ético, crea distancia entre nosotros y nuestro ego, y al crear distancia, liberamos resistencia. Cuando actuamos al servicio del prójimo, nuestro enfoque cambia de nuestro ego al bienestar de los demás.

Ejercicios

Llevar un diario

1. Haz lo siguiente en tu diario:

2. Haz una lista de todas las cosas que disfrutas hacer.

3. Haz una lista de tus habilidades, talentos y cosas de las cuales tienes conocimientos.

4. Haz una lista de todas las necesidades que sabes que tu familia, comunidad, estado o país están experimentando.

5. Reflexiona sobre cómo puedes integrar los Pasos 1-3 para servir a las personas o situaciones que indicaste en el Paso 4.

Por ejemplo, alguien puede identificar como sus puntos fuertes las habilidades para relacionarse, la capacidad artística y el marketing; también pueden haber identificado la plaga del vecindario como un problema en su comunidad, así que esta persona podría servir a su comunidad organizando un grupo de personas para embellecer su vecindario, borrando grafitis o creando murales y otras formas de arte para que las personas disfruten y utilizando sus conocimientos de marketing, podrían crear asociaciones con la comunidad empresarial para obtener el apoyo y los recursos necesarios.

Es cierto que podrías saltarte este ejercicio y simplemente encontrar una manera de servir a los demás, pero la ventaja de hacer este ejercicio es que al alinear tus dones y habilidades, puedes crear un impacto aún mayor en aquellos a quienes estás sirviendo, así como para ti mismo o misma.

Cualquier cosa que la mente pueda concebir, la puede lograr.

– *W. Clement Stone*

Intención

De todos los factores que influyen en nuestra capacidad para manifestar, uno de los más importantes es la intención. Ser capaz de manifestar conscientemente requiere que nuestras intenciones estén dirigidas a crear valor o felicidad para los demás; mientras nuestras intenciones sean servirnos a nosotros mismos o mismas o perjudicar a los demás, continuaremos creando sufrimiento para nosotros y para los demás. Tales intenciones son el resultado del miedo y las únicas cosas que el miedo manifiesta son más miedo y sufrimiento, por el contrario, tener intenciones de crear valor o felicidad para los demás trae una frecuencia más alta a nuestras vidas, lo que atraerá manifestaciones del mismo tipo.

Ejercicio

Intenciones creativas

Comienza a consultar contigo mismo o misma antes de tomar una decisión que afecte a los demás o al medio ambiente haciendo lo siguiente:

1. Antes de tomar una decisión, considera todas tus opciones. Para cada opción, considera el impacto potencial que puede tener en todas las partes interesadas, incluido tú.

   - ¿La opción que se está considerando te beneficia a expensas de los demás?

   - ¿La opción que estás considerando beneficia a otros a costa tuya?

La opción ideal beneficia a todas las partes interesadas, pero el problema que la mayoría de las personas experimenta durante la toma de decisiones es que no dedicaron el tiempo o la creatividad suficiente a la hora de plantear opciones. Cuando se trata de tomar decisiones, rara vez nos limitamos a dos opciones, sin embargo, con una reflexión profunda y creatividad, normalmente podemos llegar a una serie de opciones tomando diferentes elementos de nuestras opciones iniciales y combinándolos para crear nuevas opciones; utiliza este proceso para encontrar una opción que proporcione los mayores beneficios para todos los involucrados y al hacer este proceso, pasarás de tener una perspectiva limitada y basada en el miedo a una perspectiva holística, lo que reducirá tu resistencia.

Meditación

La siguiente meditación se puede practicar para usar la sabiduría del cuerpo al tomar una decisión:

1. Siéntate y ponte en una posición cómoda.

2. Cierra los ojos y centra tu atención en tu respiración a medida que entra y sale de tu cuerpo durante la inhalación y la exhalación.

3. Si te distraes, vuelve a prestar atención a tu respiración.

4. Continúa enfocándote en tu respiración hasta que tu mente se calme y seas consciente de las sensaciones del cuerpo.

5. Cuando hayas alcanzado el estado descrito en el paso 4, considera cada opción de tu decisión. Al considerar cada opción, presta mucha atención a cómo responde tu cuerpo al considerar una opción en particular. Algunos ejemplos de las reacciones del cuerpo pueden incluir:

- Apretar o aflojar el pecho
- Respiración superficial o respiración más profunda.
- Tu cuerpo se siente pesado o ligero.
- Tensión o relajación

6. La opción que debes elegir es la que te da la mayor sensación de bienestar.

7. Si encuentras que tu respiración es superficial, siente que tu pecho está apretado o tu cuerpo se siente tenso, entonces esa opción no es la opción que debes elegir.

8. Puede ser necesario practicar esta meditación hasta que seas más consciente de las sensaciones del cuerpo y puedas determinar cómo responde tu cuerpo al contemplar tus opciones.

Qué maravilloso es que nadie tenga que esperar un solo momento antes de empezar a mejorar el mundo.

- Ana Frank

La unicidad de la existencia

La unicidad a menudo se menciona en las enseñanzas espirituales, sin embargo, sigue siendo nada más un concepto para la mayoría de nosotros. Nuestra experiencia de vida es cualquier cosa menos unicidad, con toda su diversidad y, además de la diversidad, también nos experimentamos a nosotros mismos como seres aparte en medio de toda esta diversidad; a menos que practiques la meditación o alguna otra práctica contemplativa profunda, la experiencia de la unicidad seguirá siendo conceptual.

Una comprensión sincera de la unicidad disuelve el sentimiento de estar aparte, aunque nuestra experiencia sensorial continuará dando la impresión de estar aparte, nuestro sentido de personalidad se disolverá a medida que nos fusionemos con nuestra experiencia de vida.

En el sueño profundo, no se experimenta nada porque solamente hay conciencia y el despojarte de la experiencia es encontrar la esencia de la unicidad. Si solo hay unicidad, ¿qué se puede atraer o manifestar entonces? Nosotros somos proyecciones de conciencia pura que se han manifestado con el propósito de poder experimentar, y es a través de nuestra experiencia que la conciencia pura se experimenta a sí misma.

Al avanzar hacia la dirección de la unicidad podemos disfrutar de lo mejor de ambos mundos, es decir, podemos disfrutar de nuestros yos manifestados mientras nos conectamos con nuestros yos no manifestados.

En el próximo capítulo tendrás la oportunidad de participar en una poderosa meditación para obtener una comprensión más intuitiva de tu yo no manifestado, pero por ahora, aquí te dejo un ejercicio más intelectual para comprender la unicidad. Antes de presentar este ejercicio, es necesario dar un ejemplo de cómo puedes percibir la unicidad en la vida cotidiana.

Si miramos un árbol, lo más probable es que lo percibamos como una entidad aparte, ya que es visto como una entidad aparte de todas las demás entidades, por eso no confundimos el árbol con una roca, un pájaro o con nosotros mismos o mismas, sino que lo vemos como una entidad fija y este nunca será otra cosa que un árbol. Además, lo más probable es que creamos que el árbol está hecho de partes de árbol, aquellos aspectos que constituyen el árbol, estas "partes del árbol" podrían ser sus hojas, tronco, corteza y raíces. Esta visión del árbol es una visión dualista en la que vemos el árbol como una entidad aparte que se compone de "partes de árbol".

La mente divina es la única realidad.

- Charles Fillmore

Sin embargo, si reflexionamos más profundamente, podemos ver que esta visión dualista del árbol es solo una ilusión, ya que el sol proporciona la luz que el árbol necesita para realizar la fotosíntesis, es decir, sin el sol, el árbol no podría existir.

El árbol necesita las moléculas de dióxido de carbono que son un componente del aire para realizar la fotosíntesis, por lo tanto, sin la molécula de dióxido de carbono, no podría haber árbol. Las nubes producen lluvia de la que el árbol depende para obtener agua, por consiguiente, sin las nubes, el árbol no podría existir.

Los nutrientes en el suelo son absorbidos por las raíces del árbol, esto quiere decir que sin el suelo, el árbol no podría existir. Desde la perspectiva de la unicidad, el árbol está hecho del sol, las moléculas de dióxido de carbono, las nubes y el suelo.

Este es solo un ejemplo simplificado, ya que hay muchas otras entidades que hacen posible la existencia del árbol; a su vez, todas las entidades que hacen posible la existencia del árbol dependen de otras entidades para su existencia, es decir, si no hubiera evaporación de agua, las nubes no podrían existir, si no hubiera cargas eléctricas, la molécula de dióxido de carbono no podría existir, y así sucesivamente. En definitiva, el árbol no es una entidad aparte, sino que el árbol es el compuesto de todo el universo; el universo entero crea al árbol, y el árbol es un testimonio de la existencia del universo.

No existe tal cosa como un "árbol"; más bien, lo que llamamos "árbol" es el compuesto de la totalidad de la existencia.

Creemos en la ley de atracción porque tenemos una visión dualista de nosotros mismos y de nuestro lugar en este universo, sin embargo, al igual que con el árbol, tú eres el compuesto de toda la existencia y muchos de los elementos de los que está hecho tu cuerpo se originaron en las estrellas, mientras que su cuerpo tiene la misma concentración de sal que el agua del océano, cada aspecto de lo que eres es el resultado de la existencia de otra cosa. Cualquier sensación de ser una entidad aparte y diferente a ti mismo o misma es solo una ilusión; cualquier duda o desafío que puedas sentir que tienes al manifestar son solo ilusiones. Lo que estás tratando de atraer ya es un aspecto de ti, por eso, en lugar de pensar que estás en el universo, sería más preciso decir que el universo se encuentra dentro de ti.

Es de esperar que esta declaración se haga más evidente en el próximo capítulo pero, por ahora, prueba este ejercicio:

Meditación

1. Siéntate y ponte en una posición cómoda.

2. Cierra los ojos y centra tu atención en tu respiración a medida que entra y sale de tu cuerpo durante la inhalación y la exhalación.

3. Si te distraes, vuelve a prestar atención a tu respiración.

4. Cuando tu mente esté en calma, abre los ojos y encuentra un objeto para mirar. El objeto que miras puede estar vivo o no.

5. Al mirar el objeto, abstente de emitir cualquier tipo de juicio.

6. Mientras estudias el objeto, hazte las siguientes preguntas:

7. ¿Hay algún aspecto de este objeto que no esté sujeto a cambios? (Ejemplo: Si estás viendo una flor, sabes que la flor está sujeta a cambios debido a las estaciones y su vida útil.)

8. ¿Cómo se ve afectado el objeto que está observando por los otros objetos de su entorno? Ejemplo: Los insectos y las aves hacen posible que se produzca la polinización de la flor.

9. Medita sobre cómo el objeto que observas debe su existencia a otros objetos que aparentemente no están relacionados.

Cuando una puerta de la felicidad se cierra, otra se abre; pero a menudo miramos tanto tiempo a la puerta cerrada que no vemos la que se nos ha abierto.

- Helen Keller

Capítulo 3: Enseñanzas para nivel superior

En este capítulo encontrarás ejercicios que son más avanzados que los del capítulo anterior, así como información más detallada sobre el tema de la resistencia.

Resistencia

Al igual que con las cuerdas de guitarra o las ondas electromagnéticas, la vida de cada uno de nosotros tiene su propia frecuencia o nivel vibratorio y nuestra frecuencia depende de la cantidad de resistencia que existe en nuestras vidas.

Mientras menos resistencia tengamos, mayor será la frecuencia de nuestras vidas. Cuanto más alta es la frecuencia, mejor podremos manifestar de forma consciente, pero cuanto más baja es la frecuencia que tenemos, menos capacidad tenemos para manifestar lo que deseamos. La razón de esto es que la resistencia que mantenemos recibe una mayor cantidad de nuestra atención que la que queremos manifestar, como aquello en lo que nos centramos es lo que manifestamos, atraemos más de aquello a lo que nos resistimos. ¿A qué nos resistimos? Nos estamos resistiendo a nuestra naturaleza superior, que es la conciencia pura, y cada vez que nos resistimos a algo, vamos en contra de nuestra naturaleza esencial.

Somos simultáneamente seres no físicos y físicos al mismo tiempo, y como un ser físico, hemos olvidado nuestra verdadera naturaleza, entonces, al olvidar esto, experimentamos resistencia a cualquier cosa que percibamos que amenaza nuestro sentido de nosotros mismos.

Si nos diéramos cuenta de que nuestra verdadera naturaleza es la de la conciencia, nada podría representar una amenaza para nosotros, por lo tanto, como no percibiríamos nada como una amenaza, no generaríamos resistencia. Es la falta de resistencia lo que permite que la conciencia pura se manifieste como existencia; cada vez que no aceptamos el momento presente, creamos resistencia, cuando miramos hacia el futuro, porque sentimos que el presente no es suficiente, estamos creando resistencia, cuando nos lamentamos el pasado, no estamos aceptando el momento presente, cuando sentimos preocupación por lo que puede suceder en el futuro, no estamos aceptando el momento presente.

Nada existe hasta que nuestro pensamiento lo hace posible.

- Shakespeare

La resistencia incluso puede ocurrir al momento de manifestar, incluso cuando tenemos las mejores intenciones y la siguiente historia personal ilustrará esto. Cuando practiqué por primera vez la manifestación, realicé la intención de que vería cierta portada de libro cuando fuera a la biblioteca más tarde ese día y para mi grata sorpresa vi la portada exacta del libro que visualicé al llegar allí.

Al día siguiente, decidí manifestar algo más e hice la intención de que durante ese día me encontraría con un objeto circular púrpura con manchas rojas; durante todo el día busqué el objeto, pero nunca apareció. ¿Por qué mi segundo intento de manifestar fue una decepción cuando mi primer día fue un completo éxito?

Podría haber una serie de factores, sin embargo, el factor principal fue mi propia resistencia. En mi primer intento para manifestar simplemente hice mi intención, me olvidé de ella y seguí con mi día, pero en mi segundo intento, hice mi intención, pero no la olvidé y en lugar de continuar con mi día, seguí buscando que apareciera mi manifestación; cada vez que miraba y no lo veía, comenzaba a experimentar dudas y mi sentido de la duda era una forma de resistencia. En mi primer intento, me olvidé de mis intenciones, seguí con mi día y mi manifestación apareció ante mí cuando no la estaba buscando. El concepto de desapego se discute con frecuencia en las enseñanzas espirituales. Mi primer intento para manifestar fue exitoso porque me desligué del resultado de mis intenciones, a diferencia de mi segundo día.

Las siguientes recomendaciones son para que te desligues de tu resultado:

1. Si aún no tienes experiencia en manifestar, comienza a practicar tus habilidades para manifestar al realizar tus intenciones basadas en cosas que son intrascendentes para ti, ya que si no tienes una conexión emocional con tu intención, tu ego no se involucrará. Continúa creando intenciones que no tengan importancia para ti y a medida que tus manifestaciones ocurran, podrás hacer gradualmente intenciones más relevantes.

2. Practica las meditaciones de este libro hasta que comiences a experimentar intuitivamente la comprensión de que quien eres es el que está consciente, o el conocedor de toda la experiencia, y al alcanzar este nivel de conciencia, tus

pensamientos de duda perderán la capacidad que tienen para influir en ti.

Una de las prácticas más importantes a desarrollar para ser un manifestador exitoso es la de la meditación o la conciencia plena, ya que estas prácticas nos permiten desarrollar una mayor atención en el momento presente y estar menos distraídos por nuestros pensamientos. Cuando nos identificamos menos con nuestros pensamientos, liberamos nuestra resistencia a ellos.

Piensa en un momento en que no podías recordar el nombre de una persona; en ese momento estabas experimentando un pensamiento, la idea de que habías olvidado el nombre de la persona y este pensamiento puede haber llevado a una sensación de inquietud que fue creada por otro pensamiento, el pensamiento de que deberías saber su nombre y como este sentimiento consumía tu atención, seguías luchando por recordar su nombre.

Es la atención la que da energía a nuestros pensamientos; los pensamientos en sí mismos son impotentes, por lo tanto, cuando energizamos nuestros pensamientos, se manifiestan en nuestra vida; cuanto más tratabas de recordar su nombre, más frustración sentías, por eso manifestaste de forma plena la experiencia de olvidar el nombre de la otra persona y en tu frustración, es posible que hayas renunciado a tratar de recordar su nombre, cuando eso sucedió, quitaste tu atención de la cadena de pensamientos que creaste, lo que dio como resultado que perdieran su poder y debido a esto, el recuerdo del nombre de la persona regresó a ti poco después.

Al igual que en mi historia personal sobre la manifestación, no mantuve ningún vínculo con el resultado de mi manifestación el primer día, sino que me vinculé por completo el segundo día.

Cuando un pensamiento se convierte en el punto de atracción de pensamientos similares, como se describe en el escenario de recordar un nombre, ese pensamiento se envalentona por la atención que le prestamos y la potencia de estos pensamientos nos da una sensación de certeza de su veracidad. Cuando estamos seguros de que nuestros pensamientos son verdaderos, hemos creado lo que comúnmente se conoce como una "creencia".

Todo lo que somos es el resultado de lo que hemos pensado.

– Buda

Sistemas de creencias

Nuestras creencias determinan nuestra experiencia de vida, y nuestras creencias son como filtros a través de los cuales experimentamos el mundo. Las creencias son como gafas de sol tintadas que hemos olvidado que tenemos puestas y cualquier lente de color que tengamos será la forma en que experimentemos el mundo.

No ser conscientes de nuestras creencias, y no cuestionarlas, es probablemente la razón más importante por la que tenemos problemas para tomar el control del proceso de manifestación, ya que nuestras creencias determinan lo que pensamos, lo que notamos o no notamos, las acciones que tomamos y cómo experimentamos el mundo y a nosotros mismos o mismas. Si una persona cree que no se puede confiar en otras personas, entonces el enfoque de esa persona estará en todas las razones por las que no se puede confiar en otras personas y no solo se centrarán en por qué no se puede confiar en otras personas, sino que tampoco notarán ninguna información que respalde lo contrario, es debido a esto que todas las acciones de esta persona se basarán en la creencia de que no se puede confiar en las personas y experimentarán el mundo como un lugar arriesgado; además, se verán a sí mismos como si estuvieran siendo vigilados.

Aprecia tus visiones y tus sueños, ya que son los hijos de tu alma, los modelos de tus logros finales.

- Napoleón Hill

Es el poder de las creencias lo que nos impide experimentar nuestro potencial ilimitado para manifestar lo que queremos; mantener la creencia de que no puedes ser un manifestador exitoso dará como resultado que te sientas incapaz de manifestarte conscientemente, lo que te impedirá hacerte cargo del proceso de manifestación.

No notarás todo lo que estás manifestando y creerás que su apariencia es el resultado de la coincidencia o la suerte y del mismo modo, atribuirás tus experiencias negativas a la mala suerte, a la suerte o al destino.

El grado de apego que tenemos a nuestras creencias determina si nos vemos a nosotros mismos o mismas como seres aparte que intentan manifestar nuestros deseos o si llegamos a reconocer que lo que somos no puede estar aparte de toda la existencia.

Lo que irradias hacia afuera con tus pensamientos, sentimientos, imágenes mentales y palabras es lo que atraes a tu vida.

- Catherine Ponder

Cuando nos identificamos con nuestras mentes y cuerpos, no podemos evitar creer que nos falta algo en nuestra vida; es esta misma sensación de carencia la que nos lleva a la ley de atracción o a otras enseñanzas.

Cuando aprendemos a practicar la aceptación completa de todas nuestras experiencias, liberamos nuestro sentido de resistencia y cuando lo hacemos, podemos darnos cuenta de que lo que somos está más allá de cualquier cosa que podamos experimentar, por eso, cuando nos damos cuenta de que lo que somos no es lo que experimentamos, podemos llegar a la conclusión de que es imposible que nos falte algo, por lo tanto, la manifestación y la ley de atracción se vuelven totalmente irrelevantes a medida que reconocemos que nuestra verdadera naturaleza es la de un potencial ilimitado y debido a que la capacidad de manifestar lo que queremos depende de cuánto nos identifiquemos con nuestras mentes y cuerpos, la parte restante de este libro está dedicada a las técnicas que se pueden usar para acercarnos al reconocimiento de nuestro ser más elevado.

Ejercicio

Balance de las creencias: Liberación de las intenciones

Para abordar cualquier creencia que tengas y que pueda estar impidiendo que te manifiestes en el grado que deseas, haz lo siguiente:

1. Consigue tres hojas de papel con una medida de 8" x 11" o más (20cm x 28cm).

2. En la primera hoja, anota las creencias que te impiden manifestar.

3. Selecciona la creencia que creas que representa el mayor obstáculo para manifestar lo que deseas.

4. Dobla la segunda hoja de papel por la mitad a lo largo.

5. Anota en la parte superior de la hoja la creencia que seleccionaste.

6. Haz una lista en el lado izquierdo del papel de todas las formas en que has tenido que "pagar" en tu vida por esta creencia. ¿Cuánto has tenido que pagar por esta creencia con respecto a cómo te sientes contigo mismo o misma? ¿Cómo ha afectado a tus relaciones, salud o finanzas? Al escribir, ten en cuenta lo siguiente:

- Al escribir esta lista, anota lo primero que se te ocurra, incluso si parece irrelevante.

- Escribe lo más rápido que puedas y siente las emociones que surjan; este es un ejercicio sincero, no cerebral.

- Sigue escribiendo hasta que te quedes sin cosas que escribir.

7. Junto a cada elemento que escribas, asigna un valor de puntos arbitrario a la cantidad de impacto que el elemento ha tenido en ti y al seleccionar el valor de puntos, elige el primer número que se te ocurra.

8. Cuando hayas completado la asignación de los valores de puntos, busca el total de todos los valores de puntos y colócalo en la parte inferior de la página.

9. Para el lado derecho de la hoja, repite los pasos 6-8, excepto que esta vez anota todas las formas en que esta creencia te ha beneficiado.

Cuando hayas completado el paso 9, piensa en una nueva creencia alternativa que te empodere.

En la tercera hoja, repite los pasos 4 al 9 usando tu nueva creencia, con las siguientes excepciones: invierte los pasos 6 y 9 escribiendo todas las maneras en que crees que te beneficiarías de esta nueva creencia para el paso 6; al hacer el paso 9, anota todas las maneras en que crees que tendrás que "pagar" esto.

Cuando hayas completado las dos hojas, haz lo siguiente:

1. Revisa de inmediato tus listas, permitiéndote experimentar de forma plena cualquier emoción que surja.

2. Verifica tus listas todos los días, una vez por la mañana y una vez antes de acostarse, hasta que te asocies por completo con las emociones que experimentas.

Al establecer totalmente esta asociación de cuánto tendrás que "pagar" al mantener tu antigua creencia con los beneficios de la adopción de tu nueva creencia, tu mente se programará con tu nueva creencia.

Cada segundo es una oportunidad para cambiar tu vida, porque en cualquier momento puedes cambiar la forma en que te sientes.

- Rhonda Byrne

Emociones

Nuestras emociones son un espejo de los pensamientos que tenemos, las emociones que experimentamos son el equivalente sensorial de nuestros pensamientos, tanto conscientes como subconscientes.

No podemos ver ni sentir un pensamiento; solo existe la conciencia de que estamos teniendo uno. Nuestras emociones, por otro lado, son sensoriales, ya que podemos sentirlas.

Si estás experimentando emociones que te están empoderando, es porque estás experimentando pensamientos de la misma calidad. Al cambiar nuestros sentimientos, cambiamos nuestros pensamientos.

El Secreto fue valioso para que la gente conociera la ley de atracción, sin embargo, presentaba a la ley de atracción de forma sencilla y, al igual que muchos otros productos sobre la ley de atracción en el mercado, el Secreto se centró en cómo podemos manifestar nuestros deseos/objetivos a través de los pensamientos que tenemos. Si bien es cierto que nuestros pensamientos son la fuente de nuestras manifestaciones, lo que no se explica es el papel que juegan nuestras emociones.

Imagina que estás tratando de manifestar dinero, por lo que te aferras a esa intención y, al mismo tiempo, te aferras a emociones profundamente arraigadas de tu pasado con respecto a la escasez; debido a que estas emociones están profundamente arraigadas, no eres consciente de ellas, excepto cuando salen a la superficie en tiempos de incertidumbre.

Como se ha comentado anteriormente, todo en este universo tiene una vibración; los pensamientos y las emociones se vuelven subconscientes al desviar nuestra atención de ellos.

Mantener los pensamientos y sentimientos en el nivel subconsciente requiere el gasto de una gran cantidad de energía y debido a que este gasto de energía es mayor que el que se dirige a tus intenciones, sigues manifestando escasez en lugar de dinero.

Nuestras emociones también afectan nuestra capacidad de manifestar a nivel consciente; si bien nuestras intenciones son poderosas, lo que las hace aún más poderosas es cuando nos asociamos por completo con las emociones que provienen de nuestra intención.

Si bien la intención de manifestar más dinero es poderosa, lo que sería aún más poderoso es que te concentres en las emociones que tendrías si ya tuvieras el dinero.

Ve las cosas que quieres como si ya fueran tuyas. Debes saber que llegarán a ti cuando las necesites, déjalas que vengan; no te inquietes ni te preocupes por ellas, no pienses en la falta que te hacen, sino que piensa en ellas como si fueran tuyas, como si ya te pertenecieran, como si ya estuvieran en tu poder.

- Robert Collier

El siguiente ejercicio es para emplear el poder de tus emociones en el proceso de manifestación:

Ejercicios

Aprovechar el poder emocional

1. Siéntate y ponte en una posición cómoda.

2. Cierra los ojos y centra tu atención en tu respiración a medida que entra y sale de tu cuerpo durante la inhalación y la exhalación.

3. Si te distraes, vuelve a prestar atención a tu respiración.

4. Cuando tu mente esté en calma, elige la intención que deseas manifestar.

5. Mientras piensas en tus intenciones, imagina que la cosa que deseas atraer ya existe en tu vida.

6. En tu mente, visualiza lo que quieres manifestar de la forma más clara posible.

7. Imagina lo que se sentiría tocar tu manifestación.

8. Imagina lo que oirías si tus intenciones ya estuvieran manifestadas.

9. Si pudieras probar tu manifestación, ¿a qué sabría?

10. ¿Cómo te sentirías si tu intención manifestada estuviera en tu vida en este momento? Permítete experimentar tus emociones de forma plena.

11. Cuando puedas experimentar las emociones, debes intensificarlas centrando tu atención en ellas.

12. Experimenta la intensificación de tus emociones. Puedes quedarte en este espacio todo el tiempo que desees.

13. Aplica este enfoque en tus emociones tan a menudo como sea posible cuando medites hasta que tus manifestaciones aparezcan.

El siguiente ejercicio te permitirá transformar emociones profundamente arraigadas. Este siguiente ejercicio es más avanzado en el sentido de que requiere que tengas la disposición a experimentar emociones poco agradables.

Sumergirse profundamente en una emoción

1. Piensa en una situación que te esté molestando.

2. Cuando hayas identificado la situación, pregúntate por qué te molesta.

3. Al pensar en la situación, toma conciencia de los sentimientos que experimentas.

Continuando con este ejercicio, usaremos un ejemplo. En este ejemplo, usaremos la emoción de la ira.

4. Permítete experimentar de forma plena la ira que sientes. A medida que experimentes la ira, identifica cómo TE SIENTES con el enojo. He enfatizado la palabra *sentir* porque este ejercicio

requiere que permanezcas en la experiencia de sentir, no de pensar.

No querrás involucrar a tu mente en este ejercicio porque solo desatará un montón de historias sobre lo que sucedió, sino que debes hacerte la siguiente pregunta: "¿Cómo se siente la ira?" Al hacer esta pregunta, presta atención a la primera respuesta que se te presente y, de nuevo, no lo pienses.

5. Continuando con este ejemplo, digamos que tu respuesta a esta pregunta es que cuando te enfadas, te **sientes** como si tu cara se pusiera tensa.

6. El siguiente paso es asociarse por completo con la sensación de tensión. Permítete sumergirte en este sentimiento.

7. Una vez que te hayas asociado por completo con la sensación de tensión, repite la pregunte anterior "¿Cómo se siente la tensión?"

8. Continuando con el ejemplo, tu respuesta puede ser que la tensión se **siente** como dureza.

9. Asóciate por completo con la sensación de dureza; permítete sumergirte en esta sensación.

10. Una vez que te hayas asociado por completo con la sensación de dureza, repite la pregunte anterior "¿Cómo se **siente** la dureza?"

11. Continuando con el ejemplo, puedes decir que la dureza tiene una sensación de entumecimiento.

12. Asóciate por completo con la sensación de entumecimiento; permítete sumergirte en esta sensación.

13. Pregúntate "¿Cómo se **siente** el entumecimiento?"

14. Sobre la base de tu respuesta, debes continuar haciéndote la pregunta "¿Cómo se siente (el sentimiento)?"

15. Debes continuar con esta línea de preguntas hasta que comiences a experimentar emociones neutrales o positivas.

Lo que logras al hacer este ejercicio es la transformación de tus sentimientos y emociones a nivel consciente y subconsciente. Al poner de forma continua tu conciencia en lo que estás experimentando, viviéndolo de forma plena e identificándolo, tu experiencia con las emociones y los sentimientos se transformará. Es posible que vuelvas a experimentar los sentimientos o emociones del inicio, lo cual es normal, pero si continúas utilizando este ejercicio cuando estas aparezcan, con el tiempo conseguirás la ventaja.

Ya hemos hablado en este libro del papel que desempeña el sentirse aparte en la manera en que nos experimentamos a nosotros mismos o mismas; al vernos a nosotros mismos o mismas como entidades aparte que habitan este planeta, creamos resistencia hacia esas experiencias que encontramos amenazantes y es nuestra resistencia la que interfiere con nuestra capacidad de manifestar nuestros deseos. Los siguientes son ejercicios avanzados para desarrollar una nueva perspectiva de tu sensación de estar aparte.

Ejercicio

1. Siéntate y ponte en una posición cómoda.

2. Observa un objeto de tu entorno.

3. Determina por ti mismo o misma cómo es que sabes que estás viendo el objeto.

La primera respuesta que des a esta pregunta probablemente será: "¡Porque lo veo!"

Pero, ¿cómo sabes que estás viendo? La respuesta a esa pregunta es que eres consciente de ello. Eres consciente de que el ver está ocurriendo.

4. Al mirar el objeto, determina por ti mismo o misma si el proceso de ver termina en algún punto en el que comienza el objeto, o si el proceso de ver y el objeto fluyen entre sí.

Es de esperar que hayas llegado a la conclusión de que el proceso de ver y el objeto fluyen entre sí, ya que la visión no puede ser algo aparte del objeto que se está viendo.

5. Averigua por ti mismo dónde se produce la visión. ¿El ver se origina en tu interior o fuera de ti?

¿Cómo es que sabes que el proceso de ver y el objeto que se está viendo fluyen entre sí? ¿Cómo sabes que el proceso de ver se produce desde tu interior? La respuesta a ambas preguntas es la conciencia, porque eres consciente de todas estas cosas.

Hasta ahora, podemos llegar a las siguientes conclusiones:

- El proceso de ver y el objeto que se está viendo fluyen entre sí; son la misma cosa.

- El proceso de ver ocurre desde tu interior.

- La comprensión de los dos puntos anteriores se deriva de la conciencia o el conocimiento.

Podemos deducir de estas conclusiones que el objeto que se ve, el proceso de ser visto y tú, el vidente, no están aparte; todas estas cosas se conocen porque se es consciente de ello.

Podemos llevar este proceso un paso más allá al indagar en la naturaleza de quién eres; tú eres quien observó el objeto, pero ¿cómo sabes que existes? Sabes que existes porque también eres consciente de eso. La siguiente pregunta lógica sería ¿quién o qué es consciente de ti? La respuesta a esa pregunta es la verdad de quién eres; puedes explorar esto más a fondo en el siguiente ejercicio.

Ejercicio

Auto investigación

1. Siéntate y ponte en una posición cómoda.

2. Cierra los ojos y centra tu atención en tu respiración a medida que entra y sale de tu cuerpo durante la inhalación y la exhalación.

3. Si te distraes, vuelve a prestar atención a tu respiración.

4. Cuando tu mente se calme, permite que tu atención deambule libremente. No intentes controlar nada.

5. Permítete convertirte en el testigo de todo lo que experimentas. Saluda a cada experiencia con total aceptación. No juzgues, analices, ni intentes modificar nada de lo que experimentes. Deja que toda tu experiencia vaya y venga por sí sola.

6. Mientras meditas, experimentarás pensamientos, percepciones, sensaciones, y sonidos; observa cómo aparecen en tu conciencia y luego se desvanecen, observa cómo cambian en su

forma o intensidad. Nada de lo que experimentas permanece sin cambios.

7. Observa cómo los fenómenos mentales que experimentas llevan a cabo su existencia sin ningún esfuerzo de tu parte; los pensamientos, las percepciones y las sensaciones ocurren por sí solos.

8. Observa que, como observador de todos los fenómenos mentales, no puedes ser ellos; no eres los pensamientos, percepciones o sensaciones que experimentas, tu eres el conocedor de estas.

9. ¿Quién es el conocedor de tu experiencia? ¿Quién es el que está consciente?

Recuerda que tú eres el testigo o el conocedor de todas sus experiencias. Cualquier respuesta que se te ocurra en cuanto a la pregunta de la identidad del conocedor no puede ser correcta. ¿Cómo puede ser el conocedor cualquier cosa que se experimente si también se conoce?

10. Sigue buscando al conocedor, al que está consciente. ¿Puedes encontrarlo?

Nuestras mentes operan conceptualmente, en otras palabras, nuestras mentes solo pueden reconocer lo que toma forma. Los pensamientos, las percepciones, las sensaciones, los sonidos y los olores son reconocidos por nuestras mentes, ya que pueden conceptualizarse y la verdad de quién eres, el conocedor, el que está consciente, no puede ser detectada por la mente, porque no es fenoménica.

La práctica de esta meditación tendrá como resultado la expansión de tu conciencia hacia la verdad de tu existencia y la naturaleza ilusoria de todas tus experiencias; quien eres es la conciencia misma, y como conciencia, eres el conocedor de toda la experiencia y esta te debe su existencia. ¿Cómo se puede experimentar algo si no hay conciencia de ello? Al confirmar esto por ti mismo o misma, recorrerás un largo camino para eliminar tu sensación de estar aparte del mundo que te rodea y cuando reduzcas la potencia de esta sensación, tu nivel de resistencia se reducirá. Finalmente, cuando reduzcas tu nivel de resistencia, aumentarás tu frecuencia vibratoria y esta te permitirá manifestar en tu vida lo que deseas.

Nada externo a mí tiene poder sobre mí.

- Walt Whitman

Capítulo 4: Cómo darle sentido a todo

Hasta ahora hemos cubierto mucha información, así que en este capítulo hablaremos de cómo darle sentido a todo ello, pero antes de hacer esto, hagamos una revisión rápida:

1. Somos seres multidimensionales, y somos físicos y no físicos simultáneamente.

2. Nuestro ser físico es una expresión de nuestro ser no físico, que es conciencia pura.

3. Todo en este universo es de naturaleza vibratoria. Es esta naturaleza vibratoria la que finalmente hace posible el proceso de manifestación. Nuestro ser físico es el resultado de la conciencia pura bajando su nivel vibratorio.

4. Como seres físicos, nos estamos manifestando constantemente, aunque no lo sepamos, y es esta

falta de conciencia la que nos lleva a atraer circunstancias deseadas y no deseadas a nuestra vida; así atraemos a ambas porque no somos conscientes de que somos nosotros los que estamos manifestando.

5. Podemos aumentar nuestra capacidad de manifestar lo que deseamos poniendo mayor atención en nuestro nivel vibratorio.

6. Nuestro nivel vibratorio está determinado por el nivel de aceptación o la resistencia que tenemos dentro de nuestras vidas.

7. La resistencia conduce a una sensación de sentirse aparte y esta conduce a una mayor resistencia.

8. Al aprender a vivir con la aceptación, la gratitud, el agradecimiento, el servicio al prójimo y el perdón, elevamos nuestra vibración.

9. Cuando nos aferramos a la resistencia, bajamos nuestra vibración.

10. La calidad de nuestra vibración determina lo que atraemos a nuestras vidas.

11. Para convertirnos en manifestadores conscientes, necesitamos reducir nuestra resistencia.

Ahora que hemos revisado el contenido que analizamos anteriormente, hablaremos de cómo usar la información presentada en este libro.

Preparándote para manifestar

Como se indicó al principio de este libro, cada persona es diferente en cuanto a su nivel de conciencia en lo que respecta a su conexión con el ser superior o el universo y es por esta razón que se proporcionó un espectro tan amplio de ejercicios en este libro.

Ningún ejercicio de este libro es más útil que el resto, sino que lo que determina la efectividad de cualquier ejercicio dado es qué tan bien resuena con tu persona; además, el número de prácticas potenciales para elevar tu nivel vibratorio es infinito, de hecho, ni siquiera necesitarás los ejercicios si eres lo suficientemente intuitivo o intuitiva como para ir más allá de tu mente y permitirte experimentar el momento presente.

Habiendo dicho todo esto, debes usar este libro de manera similar a un buffet, es decir, prueba las actividades que te parezcan interesantes o agradables, pero no temas probar los ejercicios que te parezcan demasiado simples o esotéricos.

Permítete experimentar con los ejercicios que parezcan adecuados para ti y no te preocupes por la cantidad de actividades que elijas hacer; no hay un número preciso. Es importante señalar que hay una ventaja al hacer diferentes ejercicios, ya que te permite experimentar con diferentes perspectivas; todos los ejercicios de este libro apuntan hacia lo mismo, que es que tengas la capacidad de hacerte cargo de tu nivel vibratorio.

Una persona es lo que piensa todo el día.

- Ralph Waldo Emerson

Una vez que hayas seleccionado los ejercicios, practícalos hasta que te sientas cómodo o cómoda de haber logrado el resultado del ejercicio. Los resultados de todos los ejercicios son los mismos: reducir la resistencia hacia uno mismo o misma y hacia los demás y darte cuenta de que puedes hacerte cargo de tu nivel vibratorio. ¿Cómo sabes tu nivel vibratorio? Es simple; cuanto más alto sea tu nivel vibratorio, más experimentarás paz, aceptación, y te sentirás más centrado o centrada.

Esto no significa que nunca te enojes, estés triste o tenga un mal día, ya que todas estas experiencias son normales; lo que será diferente es que estas experiencias tendrán menos impacto en ti.

La segunda cosa que es importante tener en cuenta es que no debes dejar que tu ego se involucre en la práctica de estos ejercicios. Es natural abordar estas actividades con expectativas o juicios, sin embargo, esto solo hará que tu ego se vea involucrado. Cuando realices estos ejercicios, abórdalos como una pizarra en blanco, aunque los hagas a diario y cada vez que los hagas, abórdalos como si los estuvieras haciendo por primera vez.

Mientras haces estos ejercicios, es posible que experimentes pensamientos que te distraigan, lo cual está bien; no intentes racionalizar, negar o resistir cualquier pensamiento que pueda surgir, más bien, dales total libertad para expresarse, pero no te involucres con ellos.

Cabe señalar que el balance de creencias aparece en muchos lugares en las secciones de ejercicios de este libro y su único propósito es ayudarte a identificar las creencias que pueden estar impidiendo tu capacidad de manifestar y reemplazarlas por otras más empoderadoras. Te recomiendo que hagas estos ejercicios junto con cualquiera de las prácticas meditativas, particularmente para las de la última sección.

Hacer los ejercicios del balance de creencias junto con cualquiera de los otros ejercicios creará una base excelente para la manifestación. Los ejercicios del balance de creencias no se deben hacer solo una vez, se deben hacer de manera continua para que estés erradicando de forma continua también cualquier creencia que te quite el poder que puedas tener.

A menos que tengas experiencia en meditación y manifestación, te aconsejo que comiences con los ejercicios del capítulo 2 antes de probar los ejercicios del capítulo 3. Todas las meditaciones anteriores de este libro tenían la intención de expandir tu nivel de conciencia para reducir esa sensación de sentirte aparte y la resistencia. El siguiente es el último ejercicio de este libro. De ninguna manera es lo más complicado de este libro; sin embargo, todas las actividades anteriores te prepararán para aprovecharlo al máximo.

Ejercicio

Meditación para liberar tu Intención

1. Busca un lugar donde haya una cantidad mínima de distracción. Siéntate en una silla o en una almohada, lo que te resulte más cómodo.

2. Cierra los ojos y enfócate en tu respiración mientras respiras normalmente.

3. Centra tu atención en las sensaciones que experimentas cuando tu respiración entra en tu cuerpo durante la inhalación y sale de él durante la exhalación.

4. Permítete experimentar todo lo que surja en tu conciencia sin emitir ningún juicio ni poner resistencia. Saluda a cada experiencia con total aceptación.

5. Cada vez que te distraigas, vuelve a centrar tu conciencia en tu respiración.

Con la práctica, podrás extender la cantidad de tiempo que puedes concentrarte en tu respiración; con esa concentración, verás que tu mente se tranquiliza cada vez más. Continuarás experimentando pensamientos, sin embargo, estos gradualmente pierden su capacidad de impactarte. Recuerda, tus pensamientos derivan todo su poder de la atención que les prestamos.

6. Cuando tengas pensamientos, simplemente reconoce su presencia y luego vuelve a centrar tu atención en tu respiración.

7. Cuando tu mente esté en calma, notarás que tus pensamientos se ralentizarán, lo suficiente como para que puedas reconocer el espacio entre tus pensamientos, es decir, hay un espacio que existe entre el momento en que un

pensamiento se desvanece y el siguiente aparece.

8. Cuando hayas encontrado este espacio, libera tus intenciones en ese espacio.
9. Sigue estos pasos con cada meditación. Puedes liberar más de una intención durante tu meditación.

Practicar la meditación y hacer una intención es fácil, no quedar atrapado en la duda mientras esperamos que aparezca nuestra manifestación es la parte difícil. La clave para manifestar lo que deseas es entrar en un estado de relajación, liberar tu intención y luego desligarte del resultado para no estar pensando en este, y cuando no piensas en el resultado, no dudarás de que sucederá, y cuando no dudes de que sucederá, no experimentarás resistencia, por eso, cuando liberes tu resistencia, tu manifestación aparecerá cuando las condiciones sean las adecuadas.

Si puedes soñarlo, puedes hacerlo.

- Walt Disney

No te dejes engañar creyendo que puedes manifestar sin ejercer ningún esfuerzo de tu parte; si bien es cierto que es posible manifestar sin esfuerzo, esto requiere eliminar tu resistencia a un nivel mínimo.

Lograr niveles tan bajos de resistencia requiere prácticas meditativas intensivas y la mayoría de nosotros también necesita involucrarse activamente para hacer realidad nuestras manifestaciones. Si deseas manifestar un nuevo automóvil deportivo y todo lo que hace es meditar y liberar tus intenciones, tus posibilidades de éxito serán dudosas en el mejor de los casos y la razón es que la mayoría de nosotros experimentaremos resistencia en forma de duda. Un automóvil deportivo es un artículo muy distinto y es costoso, y tanto la especificidad de esta intención, como su costo, brindan un amplio margen para que surjan dudas, por el contrario, si tus intenciones son aumentar tus ingresos, esa es una intención que es más general y puede provenir de numerosas fuentes. La intención de "aumentar tus ingresos" es más general que un automóvil deportivo y hay más vías por las que puede ocurrir, es por esta razón que la mayoría de las personas encontrarán que el aumento de ingresos es una intención más fácil de manifestar que un automóvil deportivo.

Con la intención de aumentar los ingresos tienes la oportunidad de atraerlos mejorando la manera en que manejas tus finanzas, obteniendo un trabajo mejor remunerado, recibiendo una herencia, comenzando tu propio negocio, etc. Todos estos métodos son reconocidos como métodos disponibles para aumentar sus ingresos porque eso es lo que nos han enseñado y, ya que estos métodos son creíbles para nosotros, generan menos resistencia por nuestra parte.

Por otro lado, tratar de manifestar un automóvil deportivo directamente, sin esfuerzo de tu parte, parece menos plausible para nuestras mentes; por lo tanto, el automóvil deportivo es más difícil de manifestar.

Puede que te preguntes en este punto sobre el comentario anterior de que tener una intención más general facilita la manifestación que tener una intención detallada; después de todo, con frecuencia escuchamos que nuestras intenciones deben ser lo más real y concretas posible, es decir, tener una imagen vívida de la persona que quieres atraer a tu vida es más efectivo que tener la intención de conocer a alguien. ¿Qué punto de vista es correcto, hacer que tus intenciones sean detalladas y explícitas o hacerlas generales? La respuesta es que ambos puntos de vista son correctos, todo depende de tu nivel de resistencia.

Lo que sea que crees en tu vida, primero debes crearlo en tu imaginación.

- Tycho Photiou

Imagina que quieres manifestar un nuevo trabajo y haces que tu intención sea lo más detallada posible y a medida que meditas, creas una intención particular del tipo de trabajo que deseas; sabes el salario que quieres recibir, las personas con las que deseas trabajar y la distancia de tu viaje diario, pero si no tienes confianza en tu capacidad para manifestar, puedes experimentar rápidamente dudas de ti mismo o misma mientras esperas a que tu manifestación entre en tu vida, puedes comenzar a cuestionar tu intención, preguntándote qué tan realista es la idea de que un trabajo así se te presente y es este cuestionamiento el que creará resistencia dentro de ti y evitará que se manifieste el trabajo de tus sueños, es por esta razón que probablemente tendrás más éxito si tus intenciones son menos detalladas y simplemente meditas en la intención de que deseas el trabajo que te traerá felicidad.

Hasta que tengas más confianza en tus habilidades de manifestación, es mejor hacer que tus intenciones sean detalladas para aquellas cosas que no tienen una conexión emocional para ti, mientras que las intenciones que tienen una conexión emocional para ti sean más generales y a medida que adquieras confianza en tu capacidad de manifestación, tus intenciones podrán ser más detalladas.

Desde la perspectiva de niveles más altos de conciencia, es tan fácil manifestar una mansión multimillonaria como manifestar un clip para papel, es solo desde nuestro nivel ordinario de conciencia que parece haber una diferencia en la dificultad al intentar manifestar estas cosas.

La imaginación lo es todo; es el anticipo de las atracciones que se avecinan en la vida.

- Albert Einstein

Capítulo 5: Desafío de 30 días

Este desafío de 30 días se ofrece para proporcionar una mayor estructura al contenido que has leído para que puedas aplicarlo de manera más efectiva. Siéntete libre de modificar el desafío de 30 días de acuerdo a tu nivel de habilidad para manifestar.

Días 1 al 14

- Debes familiarizarte con los ejercicios del capítulo 2 y elige los ejercicios que sean relevantes para ti. Si no estás familiarizado con el proceso de manifestación, es posible que desees realizarlos todos. Si has intentado manifestar en el pasado, pero has experimentado obstáculos, practica los ejercicios que crees que abordarán las áreas que necesita desarrollar más.

· Debes practicar durante dos semanas los ejercicios que has seleccionado, esto te permitirá ganar confianza respecto a tu capacidad para hacerlos.

· Se recomienda que te concentres en no más de tres ejercicios durante este tiempo. Si crees que puedes beneficiarte al hacer ejercicios adicionales, hazlos en los días 15 al 30.

Días 15 al 30

· Debes familiarizarte con los ejercicios del capítulo 3 y elige los ejercicios que sean relevantes para ti.

· Debes practicar durante dos semanas los ejercicios que has seleccionado, esto te permitirá ganar confianza respecto a tu capacidad para realizarlos. Nota: Debido a su naturaleza desafiante, el ejercicio "Meditación sobre la auto investigación" debe hacerse de forma continua hasta que te sientas cómodo o cómoda efectuándola.

· Se recomienda que te concentres en no más de tres ejercicios durante este tiempo. Si crees que puedes beneficiarte al hacer ejercicios adicionales, realiza estos ejercicios después de completar los días 15 al 30. Después de completar el día 30, comienza el desafío de 30 días nuevamente practicando estos ejercicios en los días 1 al 14.

· Si aún tienes ejercicios que practicar del capítulo 2, realiza estos ejercicios durante los días 15 al 30. Después de completar el día 30, comienza el desafío de 30 días, una vez más practicando estos ejercicios en los días 1 al 14.

· Días 1 al 30: consulta el Capítulo 4 cuando sea necesario. El capítulo 4 te proporcionará orientación sobre cómo lidiar con obstáculos como la resistencia y las emociones que te quitan el poder.

Conclusión

Nos estamos acercando al final de este libro.

Recuerda que la ley de atracción no es un medio en sí, es solo una función normal del universo y podemos aprender a usarla conscientemente, sin embargo, las cosas más grandes suceden después de bucear profundamente y desarrollar más conciencia, ya que al alcanzar niveles más altos de conciencia, se volverá muy claro para ti que quiénes somos está más allá de nuestros pensamientos.

Como conciencia pura, podemos manifestar lo que queramos espontáneamente sin mayor esfuerzo y para llegar allí, comprométete a conocer tu verdadero yo y elimina la resistencia.

Programa los tiempos para tus rituales de la ley de atracción y disfruta de los ejercicios de este libro. Todos somos energía. ¡Elevémonos más alto y disfrutemos del proceso! Tengo mucha curiosidad por saber cómo te va.

Si tienes unos momentos, comparte tus pensamientos en la sección de reseñas de este libro y dinos qué ejercicio te pareció más útil. Agradecería mucho tu opinión sincera. Es a ti a quien escribo y me encantaría conocer tu opinión.

Disfruta de tu viaje hacia la ley de atracción,

Elena

Más Libros por Elena G.Rivers

Ahora disponibles en tu tienda de Amazon

www.ingramcontent.com/pod-product-compliance
Lightning Source LLC
Chambersburg PA
CBHW071358080526
44587CB00017B/3125